MAREIKE VÖLKEL

Spielen mit Krippenkindern

Rituale

HERDER

FREIBURG · BASEL · WIEN

www.herder.de

Umschlaggestaltung: Sabine Ufer, Annett Jana Berndt
Umschlagfoto: © Melpomenem – GettyImages
Fotos im Innenteil: S. 37: © Nicola Katie – GettyImages,
S. 38: © Raul Teran Aquino – GettyImages, alle übrigen: © Mareike Völkel
Satz und Gestaltung: Sabine Ufer, Annett Jana Berndt

Herstellung: Plump Druck und Medien GmbH, Rheinbreitbach
Printed in Germany

ISBN 978-3-451-39084-5

Inhalt

Einladung

Wenn Sie in der Betreuung von jüngeren Kindern bis 3 Jahren arbeiten, in Krippe, Kita, oder Tagespflege, vielleicht auch in einem Familienzentrum, dann wissen Sie: Die Gestaltung des Tagesablaufs mit den Jüngsten ist eine spannende Herausforderung. Regelmäßig sollte er ablaufen und doch abwechslungsreich, entwicklungsfördernd und bildungsreich.

Rituale helfen Kindern dabei, sich im Tageslauf zu orientieren. Sie können die Selbstständigkeit stärken und komplexe Abläufe in ein spaßiges (Lern-)Vergnügen verwandeln. Rituale ums Loslassen und Ankommen, zur Begleitung von kleinen Übergängen (Mikrotransitionen) und zur Stärkung von Geborgenheit und Gemeinschaft habe ich in diesem Band zusammengestellt.

Die Impulse für die Praxis sind so gewählt, dass sie Variationen zulassen und Erklärungen einbinden. Ich möchte keine pauschalen Rezepte für besondere Situationen liefern, weil sich jeder Moment und Mensch vom anderen unterscheidet.

Rituale sind wertvolle Hilfsmittel im pädagogischen Alltag, die achtsam und immer mit Blick auf die Bedürfnisse der Kinder zum Einsatz kommen sollten. Deshalb sind den Praxisimpulsen theoretische Überlegungen vorangestellt, in denen ich auf Rituale in Abgrenzung zu Routinen und Regeln eingehe – mit Blick auf die Entwicklungsaufgaben von Kindern bis 3 Jahren. Können Rituale zu Routinen werden, zu Regeln? Auf die feinen Unterschiede kommt es an, wie sich im Praxisbeispiel „Irma fängt sich“ zeigt.

Ich lade Sie herzlich ein, Impulse aus meiner Arbeit aufzunehmen und angepasst an Ihre Gruppe zu übernehmen sowie weiterzuentwickeln.

Alle interessierten Menschen, die dieses Buch lesen, möchte ich ausdrücklich willkommen heißen und spreche Sie als Erwachsene oder auch pädagogische Fachkräfte, Tagespflegeperson oder auch Bindungsperson an. Damit meine ich alle Menschen, egal welcher Herkunft und welchen Geschlechts.

Mareike Völkel
www.mareikevoelkel.de

Rituale, Routinen, Regeln – gibt es einen Unterschied?

Teilweise sind die Übergänge in diesem Dreiergespann fließend und verwischen im gelebten Alltag. Genau deshalb ist es interessant, einmal genauer hinzuschauen, um festzustellen, wo Unterschiede liegen und welche Auswirkungen diese mit sich bringen. Ist es wichtig, ob ich etwas als Regel, Ritual oder Routine bezeichne?

Regeln

Regeln sind festgelegte Richtlinien, Verbote oder Gebote, an die sich jeder darin definierte Mensch halten muss, sofern er nicht mit Konsequenzen oder gar Strafen rechnen möchte. Beispielsweise ist in einigen pädagogischen Einrichtungen eine im Sinne der Aufsichtspflicht wichtige Regel, dass die Kindergartentür immer verschlossen sein muss. Vermutlich werden alle Personen, die diese Regel verstehen, die Tür immer schließen und aufpassen, dass auch Mitmenschen sie einhalten, zumal sie leicht umsetzbar ist. Mit Stolz achten sogar einige Kitakinder darauf, dass die Tür immer geschlossen wird, damit sich die Kinder aus dem Krippenbereich nicht in Gefahr begeben. Dabei erleben sie sich vermutlich selbst als groß und schützend. Regeln können also durchaus Sicherheit geben und positiv erlebt werden, wenn sie sinnhaft und gut umsetzbar sind.

Es gelingt vielen Kindern schon im Vorschulalter, einen Perspektivenwechsel zu übernehmen, sich hier und da in die Lage einer anderen Person einzufühlen, also beispielsweise die Situation der Krippenkinder zu bedenken. Aber wie sieht es mit Empathie und Perspektivenwechsel bei den Jüngsten aus? Grundsätzlich ist diese Entwicklung als Prozess zu betrachten, der sich von Geburt an anbahnt. Entwicklungspsychologisch betrachtet ist es jedoch von 1- und 2-jährigen Kindern nicht erwartbar, sich mit der Situation einer Erzieherin zu identifizieren, die plötzlich feststellt, dass ein Kind nicht auffindbar ist.

In einer partizipativen, die Bedürfnisse der Kinder berücksichtigenden Einrichtung werden alle zusammen überlegen, welche Regeln nötig sind und diese gemeinsam besprechen und formulieren. Was bedeutet das für den Bereich von 0–3 Jahren, in dem die Kinder sich oft noch im vorsprachlichen Bereich befinden und viele kognitive Voraussetzungen wie „wenn“ (ich durch das geöffnete Tor laufe), „dann“ (könnte mich ein Auto überfahren) nicht vorhanden sind? Das bedeutet einen sehr reflektierten, bewussten und sparsamen Einsatz von Regeln, die die Kinder betreffen.

Ein Dauerbrennerthema im Betreuungsalltag von Kindern im Alter bis zum 3. Lebensjahr, das meistens mit dem Aufstellen von Regeln einhergeht: körperliche Gewalt untereinander in Form von Schubsen, Kneifen oder gar Beißen. Erwachsene finden: Andere Menschen zu verletzen ist unerwünscht und sogar verboten. Sie wollen ihre Normen und Werte vermitteln und das ist auch gut so. Das Wertesystem eines Menschen ist nicht angeboren, es bildet sich durch soziale Kontaktsituationen heraus.

„Hauen ist verboten!" Diese wichtige Botschaft muss schon in jungem Alter situationsorientiert und sinnhaft verständlich gemacht werden und wird von vielen weiteren Prozessen und auch einer individuellen Sichtweise der erwachsenen Person auf die Situation begleitet. Das Erkennen und Verbalisieren der Bedürfnisse aller beteiligten Kinder in diesen Momenten ist außerordentlich wichtig. Auch die Erkenntnis, dass dieses wichtige Anliegen der Erwachsenen von jungen Kindern noch nicht eingehalten werden kann, ist bestimmend für das weitere Handeln von Bindungspersonen.

Routinen

Routinen sind immer wiederkehrende Abläufe, die jedoch nicht immer dem gleichen Schema folgen müssen. Beispielsweise kann es zur Morgenroutine gehören, zuerst in das Bad zu gehen und die Toilette aufzusuchen. Dabei ist es egal, ob eine bestimmte Uhrzeit eingehalten wird und auch, ob in das Bad gehüpft oder gekrabbelt wird. Da es jeden Morgen eine Wiederholung gibt, gehört diese Routine zum Alltag und stellt gleichzeitig vielleicht auch ein Bedürfnis dar.

Über Routinen müssen Menschen nicht nachdenken, sie laufen oft unbewusst ab und lassen die Möglichkeit zu, sich auf besondere Dinge im Alltag zu konzentrieren. Gewohnheiten und Automatismen sind wichtig, um sich sicher zu fühlen, Kraft zu sparen und den Alltag bewältigen zu können, ohne jedes Detail bewusst beachten zu müssen. So ist erklärbar, dass ein plötzlich umgestellter Ablauf den ganzen Aufmerksamkeitsprozess auf den geänderten Moment richten muss und oft als unangenehm empfunden wird. Besonders eindrücklich ist das beispielsweise, wenn Kinder am Morgen die Kindertagesstätte betreten und feststellen, dass für die Faschingsparty alle Möbel verrückt wurden, Partymusik angestellt ist und auch die Bezugspersonen ganz anders gekleidet sind.

Gewohnheiten bestimmen einen großen Teil des Lebens. Sie können jedoch auch schädliche Einflüsse auf Menschen haben. Das ist der Fall, wenn durch sie die Gesundheit geschädigt wird, eine enorme Unflexibilität und starke Einschränkungen der Wahrnehmung für andere wichtige Dinge damit einhergeht.

Rituale

Rituale sind Abfolgen von Abläufen, die teilweise durch die Gemeinschaft oder eine einzelne Person durchdacht wurden. Sie sind oft an Feierlichkeiten und Feste gebunden, wie beispielsweise eine Hochzeit, und werden oft in religiösen Gemeinschaften zelebriert. Sie drücken ein Gefühl der Verbundenheit aus, das eine bestimmte Gruppe von Menschen miteinander vereint, und stärken somit auch die Bindung innerhalb dieser Gemeinschaft.

Rituale lassen sich durch die vorhersehbare Abfolge von den Anwesenden leicht ausführen und vermitteln oft das Gefühl der Gleichwertigkeit aller beteiligten Menschen. Weil sich alle auf eine gemeinsame Vorgehensweise und Kommunikationsform geeinigt haben, stärkt das die Vorhersehbarkeit und Verbundenheit zusätzlich.

Rituale können einen zeremoniellen Charakter besitzen. Sie werden aber auch im Alltag von Menschengruppen genutzt. Beispielsweise kann das ein gemeinsam gesungenes Lied oder auch ein Gebet vor dem Essen sein, was Dankbarkeit für die Mahlzeit ausdrücken soll und einen gemeinsamen Beginn markiert.

Es ist allerdings möglich, dass ein Machtgefälle (adultistisch) ausgenutzt werden kann, indem beispielsweise ein Kind vom gemeinsamen Tischspruch ausgeschlossen wird. Oder dass das Nichteinhalten von korrekten Abfolgen sanktioniert wird, weil beispielsweise beim Beten die Hände nicht „richtig“ gehalten werden. An diesem Beispiel ist gut erkennbar, dass Übergänge zu Routinen und Regeln fließend sind und auch hier adultistische Vorgehensweisen reflektiert werden müssen.

Exkurs: Die Kraft der Wiederholungen

Regeln, Routinen und Ritualen ist mindestens eines gemeinsam – sie leben von Wiederholungen. Wiederholungen prägen den Rhythmus unseres Lebens: Tag und Nacht, die Jahreszeiten – eine **regelmäßige, wiederkehrende Abfolge** rahmt unser Handeln und Tun.

Das **Lernen** ist ebenfalls von Wiederholungen geprägt. Neurowissenschaftler beschreiben die dabei im Gehirn ablaufenden Vorgänge folgendermaßen: Über sich wiederholende Handlungen bildet das Gehirn synaptische Verbindungen. Das sind Netzwerke, die von Nervenzelle zu Nervenzelle führen – Kommunikationswege. Wenn wir eine Tätigkeit das erste Mal tun, bildet sich ein kleiner Trampelpfad von einer Nervenzelle zur anderen. Damit dieser Pfad zu einem Weg wird und nicht wieder zuwächst, braucht es einige, teilweise sehr bewusste Wiederholungen. Nach einiger Zeit gibt es an dieser Stelle sogar eine Straße oder Autobahn – die Handlungen gelingen rasend schnell, machen weniger Mühe, und oft erfolgen sie sogar unbewusst.

So wundert es nicht, dass junge Kinder, die vom Laufen- übers Sprechenlernen so viele Entwicklungsschritte bewältigen müssen, Wiederholungen lieben: „Nochmal, nochmal“, fordern sie, denn sie sind geborene Lerner.

Auf einen anderen Aspekt verweist Wolfram Schultz, Professor für Neurowissenschaften an der University of Cambridge: „Wenn wir die Erfahrung machen, dass ein bestimmtes Verhalten zu einer Belohnung führt, wiederholen wir es möglichst oft.“ Das Gehirn schüttet Botenstoffe aus, der Mensch fühlt sich wohl und wiederholt das Verhalten. Kein Wunder, dass der Wegfall von gefestigten und eingespielten Abläufen einiges durcheinanderbringen kann. Der Wegfall von Gewohnheiten sorgt für Unsicherheit.

Dieses Wissen ist hilfreich, wenn wir uns bewusst machen, dass sehr junge Kinder beim Eintritt in die Kinderbetreuung von ihrem gewohnten Weg abweichen müssen und sich enorm vielen neuen Eindrücken und eigenen Lernfeldern gegenübergestellt sehen. Sicherheit gewinnen sie im Alltag, wenn sie wie auf einem mit Hinweisschildern versehenen Weg von Meilenstein zu Meilenstein entlanglaufen können.

Praxisbeispiel: Irma fängt sich

Ein Praxisbeispiel aus der Kinderwelt: Irma, 2 1/2 Jahre, ist seit 6 Monaten in der Kindergruppe und kommt jeden Morgen etwa zur gleichen Uhrzeit gegen 8 Uhr. Papa oder Mama bringen sie abwechselnd kurz bevor das Gruppenfrühstück beginnt. Auch wenn nicht ihr Bezugserzieher da ist, löst sich Irma gut ab, denn sie kennt inzwischen die drei anderen Erzieherinnen und hilft gerne beim Decken des Tisches oder sucht den Tee für das Frühstück aus.

Als Irma nun an einem Morgen erst nach dem Frühstück um 9 Uhr in die Gruppe gebracht wird und bereits beim Auskleiden von der Garderobe aus feststellt, dass schon alles für den Morgenkreis vorbereitet wird, sie also „zu spät" kommt, beginnt sie zu weinen und klammert sich an das Bein des Vaters. Er ist verwundert, denn Irma besucht gern den Kindergarten und lässt sich, egal bei wem, immer gut verabschieden.

Irmas Bezugserzieher zeigt sich verständnisvoll: „Vielleicht fühlt sie sich verunsichert, weil sie plötzlich feststellt, sich nicht im erwarteten Tagespunkt zu befinden." Eventuell fühlt sie einen Verlust darüber, ihre gewohnten Abläufe nicht ausführen zu können. Möglich ist auch, dass ein Gefühl des Kontrollverlustes auftritt, denn sie

sieht sich ohne die Möglichkeit des Einspruchs oder einer Veränderungsmöglichkeit vor diese Situation gestellt. Viele Empfindungen mehr könnten eine Rolle spielen und Stress auslösen. Diese Gefühle führen möglicherweise dazu, dass sie nicht weiß, wie sie in den nächsten Tagespunkt einsteigen kann, weil ihr Ablösungsritual nicht vorhanden ist. Da Irma von ihrem Bezugserzieher verständnisvoll im Übergang begleitet wird, kann sich ihr Papa gut verabschieden, auch wenn er noch einen Moment über diese Situation nachdenken muss.

Rückblick

Obwohl der Bezugserzieher in den ersten Tagen der Eingewöhnung sehr viel Zeit mit Irma verbringen konnte, wurde die erste Anbindungsphase durch eine einwöchige Erkrankung des Bezugserziehers unterbrochen, als Irma gerade einige Tage ohne Eltern in der Gruppe war. Die Kollegin wusste, dass Irma mit ihrem Bezugserzieher bis dahin jeden Morgen in der Küche etwas vorbereitete. Ihr Kollege hatte berichtet, dass die verschiedenen Teesorten Irma sehr interessierten und sie gerne daran schnupperte, bis sie sich schließlich für eine Teesorte entschied. Dazu war ihm zufällig ein Spruch eingefallen: *„Dieser Tee, der riecht fein, dieser Tee soll es heut sein!“* Den sagten beide jeden Morgen lachend auf. Als der Kollege ausfiel, beschloss die Kollegin, dass sie Irma bei der Begrüßung den gleichen Ablauf anbieten wollte. Sie begrüßte das Mädchen freundlich lachend mit den Worten: *„Ich bin heute hier und für dich da. Die Teepäckchen in der Küche stehen schon bereit und warten auf uns. Wenn du dich verabschiedet hast, können wir gleich starten.“* Irma war zu diesem Zeitpunkt schon sehr an das Ritual angebunden und verband Freude damit. **So konnte das Ritual die Abwesenheit des Bezugserziehers ausgleichen. Irma war es möglich, abgekoppelt von seiner Anwesenheit in den Kitaalltag starten.**

Inzwischen hatte sie eine enge Bindung zum Erzieher aufgebaut, so dass er sie in ihrer Trauer über den verdorbenen Tagesbeginn auffangen und auch verstehen konnte. Nachdem sie sich etwas gefangen hatte, fragte er: *„Hast du Lust, ein paar Gurkenscheiben in unser Wasser zu schnippeln? Das wollte ich schon lange mit euch ausprobieren – schmeckt bestimmt prima. Ist mal was Neues.“*

Ist das Aussuchen eines Tees Routine oder ein Ritual? Ich denke, dass es zu Beginn eine Art Ritual zwischen Irma und dem Erzieher war, weil es gewissen Abläufen folgte und sehr bewusst zelebriert wurde. Die Situation wurde zu einer Gewohnheit und war auch Routine geworden. Hier lassen sich die fließenden Übergänge zwischen Routinen und Ritualen feststellen.

Warum Rituale Kindern helfen

- Rituale geben Orientierung

Es gibt bestimmte Abläufe, die Kindern helfen, sich im täglichen Lebenslauf zurechtzufinden. Meilensteine lassen sie erkennen, an welchem Tagespunkt sie sich gerade befinden und sind umso wichtiger, je jünger die Kinder sind. Wir Erwachsene orientieren uns an der Uhr oder im Kalender. Kinder können diese Möglichkeiten nicht nutzen, um zu wissen, was als Nächstes kommt.

Jona (3) läuft über den Spielplatz zur Praktikantin und fragt: „Sind wir noch lange draußen?“ Sie antwortet nach einem Blick auf die Uhr: „Nur noch einen Moment. Wir räumen gleich auf. Hast du schon Hunger?“ Jona schüttelt den Kopf: „Nein, noch nicht. Aber wenn wir gleich reingehen, essen wir Mittag, ruhen uns aus, und dann werde ich auch schon gleich abgeholt. Ich freue mich, weil ich heute von Opa abgeholt werde.“

- Rituale haben eine helfende Wirkung

Insbesondere wenn sich Kinder in Routinen oder Verhaltensmustern befinden, die sich hemmend auf ihre Entwicklung oder den Alltag auswirken, kann das Anbieten eines Rituals helfen. Es kann dazu führen, dass sich das Kind selbst durch bewusstes Umlenken beispielsweise von einer krankmachenden oder unangenehmen Angewohnheit verabschiedet. Leichter als eine unliebsame Angewohnheit einfach wegzulassen, ist es nämlich, anstelle dessen ein neues Ritual zu etablieren, um die Lücke zu füllen. Wichtig ist, dass das neue Ritual ein gutes Gefühl auslöst, Glücksbotenstoffe ausschütten lässt und somit nach vielen Wiederholungen das alte Muster nachhaltig verdrängt.

Intuitiv bieten viele Familien und pädagogische Fachkräfte Kindern, denen die Verabschiedung am Morgen schwerfällt, das Ritual des „morgendlichen Herausschubsens“ der Eltern aus der Kita an. Insbesondere Kinder, die längere Zeit für den ersten Übergang in die Krippe oder Kita brauchen, sich nach einigen Wochen noch ungern von den Eltern trennen, obwohl sie die Räume und Personen in der Einrichtung zu mögen scheinen und grundsätzlich im Betreuungsalltag fröhlich wirken, können von diesem Ritual profitieren. Bei einigen Kinder wird das Gefühl der Trauer und des Festhalten-Wollens jeden Morgen ausgelöst, obwohl sie dann einen scheinbar unbeschwerten Vormittag erleben. Handlungsabläufe können sich ritualisieren und an den Ort und Moment, beispielsweise die Übergabe im Gruppenraum, gebunden werden. Hier hilft oft ein Abkoppeln der Trennungssituation von der Umgebung (Gruppenraum) und den ritualisierten Handlungen (Tragen des Kindes zur Erzieherin mit Übergabe). Dem Kind kann somit die Chance gegeben werden, sich umzuorien-

tieren und neues Verhalten auszuprobieren, Möglichkeiten, die sich gut anfühlen und positive Gefühle auslösen. Wenn das Kind dann also schon an der Kitatür beim Eintreten empfangen wird, es die Eltern gleich verabschiedet und herausschiebt, kann das einen Bruch zur alten Gewohnheit darstellen, die das Kind bisher immer weinen ließ. Ein Kind, das im letzten Trennungsmoment im Gruppenraum noch immer in der Stimmung kippt, bekommt so eine Chance zur Handlungsabkehr von altem Mustern. Obwohl die Erwachsenen viel Einfluss auf die Neugestaltung der Situation genommen haben, kann das Kind enorm viel Kraft für das eigene Selbstwertgefühl daraus schöpfen. Es übernimmt die Kontrolle für die eigenen Handlungen und kehrt die eigene Haltung und Reaktion um. Das stärkt die Selbstwirksamkeit und die Ich-Kompetenz.

Ein zusätzlicher auf diese Situation bezogener Fakt ist: Durch die bewegte Aktion, die Krafteinsatz und den Körperkontakt erfordert, oft mit Lachen und lauten Rufen begleitet ist, kann eine negative Stresssituation in eine positive und selbst gesteuerte Handlung verwandelt werden. Das Kind kommt aus dem passiven Hineingetragenwerden in die nicht selbst gewählte Situation heraus. Wichtig ist, dass das neue Verabschiedungsritual mit den Eltern verabredet wird und es sich im Sinne des Kindes gut anfühlt. So kann für das Kind eine morgendliche Situation konstruiert werden, in der es überraschenderweise schon im Garten auf die Erzieherin trifft und mit ihr gemeinsam die Blume gießt oder Luftballons am Baum befestigt. Wenn ein Kind älter ist, kann es in diesen Umkehrprozess auch aktiv eingeschlossen werden. Hier ist immer eine individuelle Lösung zu finden.

Vor- und Nachteile von Ritualen

Positiv:

Riutale ...

... geben Orientierung und Struktur

... geben Sicherheit und helfen, Situationen einordnen zu können

... stärken die Bindung und das Gemeinschaftsgefühl

... lassen Raum, Neues zu entdecken

... helfen bei der Bewältigung von Krisen

... geben Halt, wenn andere Dinge um uns herum einbrechen

... können heilende Wirkung haben

Gefahren

- Suchtverhalten und Abhängigkeit von Handlungen sowie zwanghaftes Verhalten
- Nicht-abweichen-Wollen von schädlichen oder unnützen Ritualen
- Wenn ein Ritual zur Anordnung wird (anderen Menschen etwas aufzwingt)

Rituale im Betreuungsalltag

Bei allen folgenden im Praxisteil vorgestellten Beispielen ist es wichtig, diese für die eigene Praxis zu reflektieren und gegebenenfalls anzupassen.
Wenn ein Ritual eingeführt werden soll, fragen Sie sich:

Lösen die Handlungen ein positives oder befreiendes Gefühl aus und sind sie hilfreich für alle, die das Ritual ausführen?

Wie können Rituale etabliert werden?

- Wiederholungen helfen beim Merken von Abfolgen
- Eine Anleitung beim ersten Vermitteln und das Vormachen der Aktion helfen bei der Vermittlung
- Rituale können von anderen Kindern übernommen werden (manchmal werden sie von zu Hause mitgebracht, beispielsweise ein Frühstücksspruch)
- Rituale können gemeinsam entstehen
- Neue Ideen können besprochen werden, wenn beispielsweise auffällt, dass ein neues Ritual benötigt wird

Wichtig
Es muss besprochen werden, dass vom Ritual abgewichen werden kann, wenn es nicht mehr passt oder zu starr ist.

Loslassen & Ankommen

Rituale rund um die Bringsituation

Wichtig ist, das Kind in seiner mitgestaltenden Rolle beim Ankommen wahrzunehmen und ihm Raum zu geben, diese Situation aktiv mitzuentwickeln. Dabei kann es dem Kind helfen, wenn es Rituale zur Seite gestellt bekommt, aus denen es ein für sich passendes wählen kann. So kann eine gelingende Ablösung funktionieren.

Für die Eltern ist es von großer Bedeutung, dass sie erleben, wie kompetent sich das Kind von ihnen verabschiedet. Fühlen sich Mutter und Vater ebenso gut aufgehoben, können sie dem Kind signalisieren, dass sie bereit sind, es in die neue Situation gehen zu lassen. Sie bestätigen mit ihrem Verhalten, dass sie sicher sind, dass es gut aufgehoben ist. Für ein Kind ist die Botschaft, dass die Eltern der Bindungsperson vertrauen, unglaublich wichtig und grundlegend.

In der Eingewöhnung

Rituale helfen dabei, dem Kind zu vermitteln, dass es sich auf die zu Beginn noch unbekannten Menschen und einen geordneten Ablauf verlassen kann. In der Eingewöhnungszeit sind Kinder wohltuenden Ritualen gegenüber meistens offen und nehmen sie als Unterstützung für den neuen Lebensabschnitt gern an.

Auf die sichere Bindung kommt es an!

In der ersten Zeit des Übergangs ist es wichtig, dass Kinder Gefühle der **Sicherheit und Orientierung** erlangen, denn nur auf dieser Grundlage können sie sich neugierig und explorationsfreudig der neuen Umgebung und neuen erwachsenen Personen zuwenden.

Individuelle Rituale entwickeln

Unabdingbar in diesem Prozess ist es für die pädagogische Fachkraft, sich auf das **einzelne Kind** einzulassen und festzustellen, was ihm wichtig ist. Durch das Öffnen des eigenen Herzens und das Sehen des Kindes kann sich eine echte und wertvolle Beziehung entwickeln.

Tipp

Um helfende Rituale zu finden, lohnt es sich zu beobachten, welche Materialien das Kind freudig bespielt und welche sich wiederholenden Momente es sogar selbst konstruiert. Auch die Eltern zu befragen, welche geliebten Gewohnheiten das Kind zu Hause hat, hilft im Anbindungsprozess.

Ins Miteinander hineinwachsen

Einige Kinder benötigen eine erwachsene Person als Anker, andere fühlen sich im Zusammensein mit anderen Kindern sehr wohl. Vielleicht mögen sie Lieder und Fingerspiele und es fällt ihnen leicht, in einem ritualisierten Morgenkreis in den Tag zu starten (mehr dazu siehe S. 28).

Gerade bei sehr jungen Kindern ist zu bedenken, dass sie nicht den kompletten Kitaalltag auf einmal erleben, sondern Schritt für Schritt hineinwachsen und dabei einen Meilenstein nach dem anderen erobern.

Begrüßung mit dem Babykänguru

Für alle Beteiligten bereichernd und hilfreich ist es, im Team ein morgendliches Ritual einzuführen, das ein Eingehen auf die individuellen Bedürfnisse des Kinders ermöglicht und dabei – selbst bei einer möglichen Abwesenheit der vertrauten Bezugsperson – das Loslassen und Ankommen erleichtert.

Die Fachkraft gibt einem Stofftier, einem Känguru mit Babykänguru im Beutel, eine Stimme. Dabei passt sie sich der Stimmung des Kindes an:

> *„Hallo liebe(r) Toni, ich bin wieder hier. Hilfst du mir aus dem Beutel? Ach, wie geht es mir? Ich kann das gar nicht sagen, da muss ich dich mal fragen."*

Das Kind darf das Babykänguru aus dem Beutel nehmen. Die Fachkraft fragt das Kind, wie sich das kleine Känguru wohl fühlt. Ist das Kind unsicher oder spricht noch nicht viel, fragt die Fachkraft: *„Bin ich verschlafen? Freue ich mich auf meine Freunde? Oder will ich noch kuscheln? Sage ich Mama erst mal Tschüs?"*

Hat sich das Kind verabschiedet, darf das Babykänguru in seinen Händen kuscheln – in einem dafür geeigneten Beutelchen oder einer Bauchtasche – oder in den Armen des Kindes mitspielen oder getröstet werden.

Herzlich willkommen!

Eine freundliche Begrüßung sollte selbstverständlich sein: Es wird, insbesondere in der Kennenlernphase, von Kindern und Eltern als sehr positiv wahrgenommen, wenn sie am Morgen von den gleichen Personen freundlich begrüßt werden. Ein kleines Ritual erleichtert den Einstieg in den Tag.

Tipp

Gerade in der Eingewöhnung ist die Begegnung mit der Bezugsfachkraft für das Kind in der emotional schwierigen Situation zwischen Loslassen und Ankommen ungeheuer wichtig. Damit eine mögliche Abwesenheit der Fachkraft nicht zum „Bruch“ oder gar zum Scheitern der Eingewöhnung führt, können Rituale solche Abwesenheiten „abfedern“. Das erfordert einen Austausch des pädagogischen Fachpersonals, ist aber – wie bereits beim „Kängurubaby-Ritual“ (S. 19) erwähnt – für alle Beteiligten außerordentlich hilfreich. Auch das folgende Ritual ist für die Eingewöhnung geeignet.

Schön, dass du da bist

Jedes Kind hat eine Holzfigur, die ihm zugeordnet ist: erkennbar an der Farbe und einem kleinen persönlichen Stempelbild. Am Morgen wartet die Figur außerhalb eines kleinen Holzhauses, das die Einrichtung darstellt. Das Kind stellt seine Figur ins Häuschen hinein.

Selbst gebaut!

Als Häuschen eignet sich beispielsweise eine Kaninchenbehausung, die im Tierbedarfshandel erhältlich ist. Die Holzfiguren werden selbst gestaltet: mit verschiedenen Farben angemalt und jeweils mit einem persönlichen Stempelbild versehen.

Bei diesem kleinen Ritual spielt die Erfahrung von Selbstwirksamkeit eine große Rolle, ein bewusstes Wahr- und Annehmen der Übergangssituation – in einem ganz spielerischen Kontext.

Ein weiterer Vorteil: Das Kind kann leicht erkennen, welche Spielfreunde schon im Häuschen stehen.

Natürlich kann das Kind die Figur beim Verlassen der Kita oder Kindertagespflegeeinrichtung wieder aus dem Haus herausnehmen und davor platzieren.

„Guten Morgen" mal anders

Auch fröhliche, kurze Sprüche oder Reime haben am Morgen schon viele Kinder zum Strahlen gebracht und einen positiven Einstieg ermöglicht. Außerdem hören sich bereits anwesende Spielkinder gern witzige Sprüche ab und reproduzieren sie nach einiger Zeit sogar von sich aus dem ankommenden Spielfreund gegenüber am Morgen:

> *„Franz, der ist nun wieder da, ach, ich freu' mich, wunderbar!"*

Oder

> *„Karin kommt zur Tür herein, jetzt wird der Tag ja richtig fein!"*

Am Morgen in der Garderobe

Insbesondere das morgendliche Umkleiden bietet als notwendige Handlung Raum für ein Ritual. Es etabliert sich oft von selbst zwischen Eltern und Kind, weil es eine letzte Kontakthandlung vor der Verabschiedung ist. Auch darum wird es von Kindern meistens über Jahre in ähnlicher Weise beibehalten oder sogar eingefordert, wenn von elterlicher Seite nicht bewusst Änderungen herbeigeführt werden.

Ritual mit Sinn oder „nur noch" liebe Gewohnheit?

Die Eltern von Harry haben in der Eingewöhnungsphase damit begonnen, ihrem Sohn die Schuhe auszuziehen und die Jacke richtig herum gekrempelt an den Haken zu hängen. Auch zwei Jahre später – Harry ist inzwischen durchaus selbst in der Lage, diese Tätigkeiten auszuführen – behalten sie diesen Ablauf bei.

Besteht Interventionsbedarf? Wenn diese Situation am Morgen die Eltern und das Kind nicht stören, es von ihrer Seite aus keinen Veränderungswunsch gibt, sollte die pädagogische Fachkraft darüber nachdenken, aus welchem Grund es für sie wichtig ist, dass eine Veränderung herbeigeführt wird. In einem Gespräch mit den Eltern könnte sie kommunizieren, warum ihr eine Neugestaltung mit Blick auf die gewachsenen Kompetenzen des Kindes wichtig ist. Vielleicht stellt sie aber auch fest, dass gar keine Notwendigkeit besteht, sich in diesen Ablauf einzubringen.

Rituale im Wandel – Veränderungen unterstützen

Die Eltern von Nina tragen ihr Kind seit der Eingewöhnung am Morgen nach dem Umkleiden an der Garderobe in den Gruppenraum. Nina ist inzwischen drei Jahre alt. Die Eltern äußern von sich aus den Wunsch, dies Ritual aufzugeben oder zu verändern, denn sie empfinden es zunehmend als Belastung.

Hier ist die pädagogische Fachkraft gefragt und kann überlegen, wie sie die Situation begleitend unterstützt, damit eine gemeinsam gewollte Veränderung Einzug halten kann. Manchmal haben Kinder eigene Ideen für eine neue Verabschiedungszeremonie und wollen diese einbringen.

Selbstständigkeitserfahrungen stärken und begleiten

Steht eine Veränderung des Eltern-Kind-Rituals an, ist es möglich, die morgendliche Situation in Form eines pädagogischen Angebots im Morgenkreis spielerisch mit Handpuppen als kleine Geschichte aufzugreifen.
Hier könnte wieder das Handpuppenkänguru zum Einsatz kommen (siehe S. 19): Das Kängurubaby, das aus dem Beutel der Mama hüpft, beschließt, von nun an selbst die Mütze in seine Kiste zu legen und allein in den Gruppenraum zu hüpfen.
Vielleicht gibt es in der Geschichte einen kleinen Spruch, der dann später ritualisiert in der Garderobe von dem Kind übernommen wird:

> Hier ist mein Platz, ich kenn mich aus! Hier ziehe ich die Schuhe / die Jacke / die Mütze / meine Sachen aus.

Text: Mareike Völkel

Ins Spiel finden

Nach der Verabschiedung von den Eltern kann es eine Situation der Unsicherheit geben, weil dem Kind nicht ganz klar ist, wie es nun weitergehen soll. Einige Kinder schaffen es sehr gut, sich neu zu orientieren, andere benötigen Unterstützung.

„Will alleine spielen" – Aktionstabletts

Manche Kinder benötigen nach dem Ankommen etwas Zeit und wollen sich nicht gleich ins Getümmel stürzen. Sie beobachten lieber oder sind mit einer Tätigkeit „nur für sich" sehr zufrieden. Sie lassen sich beispielsweise gerne auf Aktionstabletts ein, die dazu einladen, sich allein und im eigenen Tempo zu beschäftigen. Wenn diese Aktionstabletts am Morgen bereits auf dem Tisch stehen, können sie als Ankerplatz dienen.

Signale wahrnehmen und verstehen

Einige Kinder wenden sich ritualisiert morgendlich an die Bezugsperson und äußern in verschiedener Form, dass sie Unterstützung oder Begleitung im oder in das Spiel benötigen. Hier gilt es herauszufinden, welches Bedürfnis genau hinter der Kontaktaufnahme steht.

Nähe gibt Sicherheit

Vielleicht benötigt das Kind einen direkten Kontakt mit der erwachsenen Person, um sich der Responsivität und Bindung zu versichern. Aufgetankt und der Beziehung versichert, kann es den Einstieg ins Spielen besser bewältigen.

Orientierung im Raum

Eventuell steht aber auch das Material und der Raum ursächlich im Vordergrund: Das Kind möchte sich im Spielzimmer orientieren und kann keinen Impuls für sich entdecken, ist sich nicht sicher, was überhaupt alles zu Verfügung steht.

> **Tipp**
>
> Alle Spielsachen sollten übersichtlich und für die Kinder erreichbar verstaut werden.

Ist das Kind unsicher, **was** es spielen möchte, kann die Fachkraft freundlich und feinfühlig die Frage des Kindes wiederholend spiegeln: *„Du weißt nicht, was du spielen kannst? Wollen wir einmal zusammen schauen?“* Ein kurzer Reim kann das gemeinsame Schauen begleiten und hilft dem Kind, das Gefühl der Unsicherheit auf dem Weg zur eigenen Entscheidung auszuhalten:

> Jetzt stehst du hier in diesem Raum und schaust dich einmal um.
> Was magst du spielen? Schau genau und geh doch einmal rum.

Text: Mareike Völkel

Ein sicherer Spiel-Ort

Einigen Kindern gibt es Sicherheit, wenn sie ihre Spiele an einem Platz aufbauen können, der für sie bestimmt ist: Ein kleiner Teppich auf dem Fußboden markiert den Bereich, auf dem das Kind spielen kann und nicht gestört werden darf. Natürlich kann es auch andere Kinder zu sich einladen. Auch sehr junge Kinder verstehen bald die Grenzen eines solch sichtbaren Bereichs – der zusätzlich mit einem Foto oder einer Holzscheibe ganz individuell markiert werden kann. Es ist die Aufgabe der Erwachsenen, diese Schutzräume einzurichten und zu schützen:

> Auf diesem Teppich (dieser Decke) braun und fein, kann Lisa spielen (ruhen) ganz allein.

Text: Mareike Völkel

Mikrotransitionen

Übergänge im Krippenalltag mit Ritualen begleiten

Übergänge von einer Situation in die andere im Tagesablauf, Mikrotransitionen genannt, verursachen bei sehr jungen Kindern manchmal Stress und sind damit häufig eine emotionale Belastung. Sie sollten von den erwachsenen Personen in der Einrichtung bewusst wahrgenommen und für die Kinder feinfühlig und entwicklungsgerecht umgesetzt und begleitet werden. Werden Situationswechsel angekündigt und mit einem kleinen Ritual sensibel begleitet, können die Kinder leichter in den neuen Moment hineingleiten.

Wir starten in den Tag

Wichtiger Teil der pädagogischen Arbeit ist das sensible Eingehen auf die tagesaktuelle emotionale Grundstimmung. Werden Themen der Kinder spontan aufgenommen, kann die pädagogische Fachkraft sogar etwas Einfluss auf das weitere Tagesgeschehen nehmen und Themen der Kinder entwicklungsgerecht und an die Gruppe angepasst bearbeiten. Der Morgenkreis bietet dazu eine gute Gelegenheit: Das Wiederholen bestimmter Angebote im wöchentlichen und jahreszeitenabhängig gestalteten Morgenkreis macht möglich, sich Reime, Lieder und Abfolgen besser zu merken.

Die Einleitung sollte mit einem Ritual erfolgen, abhängig von den Vorlieben der am Morgenkreis beteiligten Menschen. Das Anschlagen einer Klangschale, das Zählen der Kinder, das Benennen der Wochentage beziehungsweise einfach das Singen eines Liedes oder Aufsagen eines Reimes sind mögliche Varianten. Meine ausführlichen Hinweise zur Gestaltung eines jahreszeitlichen Morgenkreises finden Sie in: Mareike Völkel: Spielen mit Krippenkindern. Morgenkreis, Verlag Herder 2022.

Lieblingslieder und Verse zur Begrüßung

Liebe Kinder, kommt schnell her – Lied

Sehr junge Kinder mögen es meistens, wenn immer wieder das gleiche, verlässliche Lied gesungen wird.

Liebe Kinder, liebe Kinder,
kommt schnell her, kommt schnell her,
wir wollen uns jetzt treffen, wir wollen uns jetzt treffen
der Kreis ist noch ganz leer, der Kreis ist noch ganz leer.

Oder: im Kreis hier bitte sehr, im Kreis hier bitte sehr.

Text: Mareike Völkel (Zur Melodie „Bruder Jakob")

Halli, hallo!

Zu diesem Vers kann wunderbar Babygebärdensprache genutzt werden.

Ach, ich freue mich ja so, ihr seid heut da, Halli hallo!
Lasst uns jetzt gemeinsam lachen, reden, singen, Sachen machen.

Text: Mareike Völkel

Der Morgenkreis ist zu Ende ...

Dieser kurze Vers ist gut geeignet, um den Übergang vom Morgenkreis in andere Aktivitäten des Tages zu begleiten.

Der Morgenkreis ist zu Ende,
wir klatschen in die Hände.
Wir werden gleich im Garten (beim Spielen, beim Essen ...) sein,
das wird fein!

Text: Mareike Völkel

Tipp

Eine immer gleichbleibende Struktur des Tagesablaufs ermöglicht den Kindern das Erleben von festen Meilensteinen, an denen sie sich orientieren können. Diese „Meilensteine“ können in Fotos oder Bildern festgehalten und in einer Reihe gut sichtbar im Gruppenraum aufgehängt werden. Wenn der Moment gekommen ist (draußen spielen, aufräumen, Mittagessen, ruhen), können die entsprechenden Karten miteinander abgenommen werden.
Variante: Ein Aktionstablett mit den kleinen Bildern gestalten, mit der Aufgabe, sie in die richtige Reihenfolge zu bringen.

Wir gehen raus

Die Situation in der Garderobe beim Ankleiden vorm gemeinsamen Rausgehen wird von den meisten Kindern und dem pädagogisches Fachpersonal als herausfordernd oder gar stressig empfunden. Kinder in einem vergleichbaren Alter mit ähnlichen Fertigkeiten sollen schnell, fast zeitgleich angezogen sein, weil sie sonst beginnen zu schwitzen und unruhig werden, sich nicht wohlfühlen. Dabei sollen sie außerdem in ihrer Selbsttätigkeit unterstützt werden. Oft eine unlösbare Aufgabe, die vielfach zu Stress führt.

Lohnend kann es sein, sich am Ende des Morgenkreises kurz darüber auszutauschen, welche Bekleidungsstücke an diesem Tag eigentlich nötig sind. Ein kleiner Vers kann zum Gespräch übers Wetter anregen, um dann über die Kleidung zu sprechen:

Ich schaue aus dem Fenster, Leute.
Was ist das für ein Wetter heute?

Und nach dem Besprechen:

Was ziehe ich nun also an?
Hose (Mütze, Schuhe etc.), damit ich munter spielen kann.

Text: Mareike Völkel

Viele Kinder finden es fabelhaft, den Jackentrick kennenzulernen und auszuprobieren. Dazu wird die Jacke auf den Boden gelegt, das Kind schlüpft in die Ärmel hinein und schwingt die Jacke dann über den Kopf.
Achtung: Beim Schwingen benötigt das Kind etwas Platz.

Ich leg die Jacke auf den Boden,
wow, das ist der Jackentrick!
Steck meine Hände durch die Ärmel,
ich bin groß, hab viel Geschick.
Mit Schwung nun einmal in die Luft,
sitzt die Jacke, dideldduff.

Text: Mareike Völkel

Während des Ankleidens, insbesondere wenn viele Kinder aufeinandertreffen, wird es oft sehr laut. Einige Erwachsene haben gute Erfahrungen damit gemacht, wenn sie begleitend singen.

Das Anziehlied

Alle alle Kinder, ziehen sich nun an, ziehen sich nun an,
schnappen sich die Sachen, jedes wie es kann.

Erst kommt nun die Hose, links und rechts ein Bein, links und rechts ein Bein –
steck ich in das Hosenbein, munter schon hinein.

Und auch meine Mütze, setz ich auf den Kopf, setz ich auf den Kopf,
das kann ich schon (fast) alleine, zupf, zupf, zupf, zupf, zupf.

Eine schöne Jacke, ist auch noch dabei, ist auch noch dabei,
hier stecke ich die Arme rein, zieh sie zu – eins, zwei.

Meine Schuhe nehme ich, hier von meinem Platz, hier von meinem Platz,
links ein Schuh und rechts ein Schuh, schnippeldabbeldu.

Im Winter brauch ich Handschuh für die Fingerlein, für die Fingerlein,
sonst frieren sie ganz heftig, das soll ja nicht so sein.

Text: Mareike Völkel (Zur Melodie „Alle meine Entchen“)

Wir räumen auf

Zum Aufräumen benötigen insbesondere kleine Kinder eine Anleitung und ein Vorbild, aber auch Verständnis dafür, dass sie den Erwartungen Erwachsener nicht vollkommen nachkommen können.

- **Tipp 1:** Wenn es der Fachkraft wichtig ist, dass Kinder lernen aufzuräumen, muss sie es vormachen und gut begleiten.
- **Tipp 2:** Außerdem müssen die Spielsachen einfach und logisch wegzuräumen sein. Es ist hilfreich, Fotos der Dinge, die sich in Kisten befinden, außerhalb anzubringen.
- **Tipp 3:** Weniger ist mehr. Vielleicht können Spielsachen lieber ab und zu ausgetauscht werden, so dass nicht zu viele verschiedene Dinge zur Verfügung stehen.
- **Tipp 4:** Kinder räumen selbstverständlicher auf, wenn sie verstehen, weshalb das nötig ist. Manchmal müssen Utensilien wie herumliegende Kissen erst weggeräumt werden, um Platz für neue Spielideen, die mit Bausteinen entstehen sollen, zu schaffen. Wenn Kinder dabei helfen können, ist es für alle ein gemeinsamer und sinnvoller Prozess.
- **Tipp 5:** Wenn auf einem am Morgen extra ausgelegten Teppich gespielt wurde, liegt dieser vielleicht an einem Platz, der nicht beräumt werden muss und später weiter bespielt werden kann.

Wichtig ist vor allen Dingen, Kindern anzukündigen, dass gleich eine neue Situation bevorsteht und die Spielsachen weggeräumt werden sollen. Zum Beispiel, um Platz für Matratzen zu schaffen, weil sich der Spielraum in einen Schlafraum verwandelt. Mit der Ankündigung haben die Kinder die Möglichkeit, sich auf den Spielabbruch vorzubereiten.

1, 2, 3, das Spielen ist vorbei,
1, 2 3, das Spielen ist vorbei.
Kommt wir räumen alles weg,
Puppe Bär und Schnipseldreck.
1,2,3, das Spielen ist vorbei.

Text: Mareike Völkel

Tipp

Vielleicht gibt es auch eine beschwingte Aufräummusik, die zum Einsatz kommen kann.

Jetzt gibt's was zu essen!

Rituale wie das gemeinsame Aufsagen eines Spruchs oder das Singen eines Liedes zum Auftakt einer Mahlzeit werden in fast allen Kinderbetreuungseinrichtungen angeboten. Sie signalisieren einen gemeinschaftlichen Beginn und stärken das Gefühl der Gemeinschaft. Auch Gebete oder Dankbarkeitsrituale können zum Einsatz kommen.

Ein Spruch, der den Dank verbindet mit einem Impuls, der die Aufmerksamkeit auf das Essen auf dem Teller lenkt, kann zur gemeinsamen Orientierung dienen:

> Vielen Dank sag' ich fürs Essen. Oh, was liegt hier auf dem Tisch?
> Was ich sehe hier ist / sind: Möhren (Käse etc.) – lecker und ganz frisch.

Text: Mareike Völkel

Dieser Reim kann von den Erwachsenen aufgesagt und zusätzlich mit Gebärden begleitet werden. So lernen die Kinder die Bezeichnungen für die Lebensmittel kennen, die ihnen zur Verfügung stehen. Nach einiger Zeit können sie – mithilfe der Gebärden auch vorsprachlich – vermitteln, was sie essen wollen. Wenn die Kinder sich ermutigt fühlen mitzumachen, regt das ihre kommunikativen Kompetenzen an. Außerdem werden sie achtsam für das, was sich ihnen bietet.

Für die Situation, in der viele einjährige Kinder müde und hungrig auf ihren Stühlen rutschen und einfach nur die Nahrungsaufnahme im Sinn haben, kann ich nur empfehlen: Auf ein Ritual **vor** dem Essen verzichten! Ein kleines Lied am Ende der Mahlzeit, vielleicht auch nur mit einem Kind gesungen, passt situativ vielleicht besser:

> Schmatz, schmatz, schmatz, runter mit dem Latz.
> Ach, wie war das Essen fein, nun werde ich bald müde sein,
> schmatz, schmatz, schmatz. Runter mit dem Latz.

Text: Mareike Völkel (Zur Melodie „ABC, die Katze lief im Schnee")

Einige Kinder lieben gemeinsame Mahlzeiten, andere wiederum zeigen hier ganz deutlich, dass sie es nicht besonders schätzen, an einem Tisch zu sitzen, um zusammen zu essen. Ein Ritual kann dabei helfen, die Essenssituation für diese Kinder positiv zu besetzen:

Das Decken des Tisches lässt sich spielerisch umsetzen, indem mit Puppengeschirr für Teddybär und Co., die vom vielen Spielen großen Hunger haben, zunächst ein Picknickspiel angeleitet oder selbst vorgespielt wird. Wenn die Kinder die Fachkraft dabei beobachten, kommen sie erfahrungsgemäß von sich aus gern dazu. So lässt sich im gemeinsamen Spiel feststellen: Was benötigen wir für das Essen? Was mag ich besonders gern? Dabei sollte es lustig zugehen und immer wieder ein Reim aufgesagt oder ein Lied gesungen werden, woran die Kinder später positiv anschließen können.

Reim für Stofftier- und Puppeneltern

Ach wie schön, ach wie fein. Das soll unser Picknick / Essen sein.
Gemütlich sitzen wir hier nun, haben Zeit uns auszuruhn.

Text: Mareike Völkel

Anker im Alltag

Rituale für Geborgenheit und ein achtsames Miteinander

Es ist wichtig, dass Kinder sich geschützt und gut aufgehoben fühlen. Der Alltag mit ihnen folgt oft bekannten und sich wiederholenden Meilensteinen. Auch Aktivitäten wie Schlafen oder Wickeln lassen sich mit Ritualen begleiten. Bekannte Wahrnehmungsimpulse werden vom Gehirn oft unbewusst eingeordnet. Unser Gehirn mag Vorhersehbarkeit, weil es unfassbar viele Wahrnehmungseindrücke verarbeiten muss. Plötzlich auftretende Faktoren, die als negativ, unberechenbar oder nicht sicher eingestuft werden, lösen Stress aus. Mit ritualisierten Angeboten lassen sich vorhersehbare Momente mit positiven Erwartungen besetzen.

Wickeln und Pflegen

Das Wickeln ist für viele Kinder, auch innerhalb der Familie, ein bekannter, aber nicht immer angenehmer Vorgang. In der Betreuung von Kindergruppen sind diese notwenigen pflegerischen Vorgänge alltägliche Routine und trotzdem etwas ganz Besonderes: Die Kinderärztin Emmi Pikler (1902–1984) sah in der Pflegesituation einen gemeinsamen beziehungsvollen Moment, der Bindung entstehen lässt und Kommunikation zulässt – Momente, die manchmal im Betreuungsalltag zu kurz kommen. Sie wollte, dass sich die Kinder nach der Pflege von Beziehung umsponnen und satt fühlten.

Die notwendige pflegerische Situation sollte als Qualitätszeit gestaltet werden, in der Kommunikation und Beziehung erlebt werden. Individuelle Rituale und vorhersehbare wiederkehrende Handlungsabfolgen sind ein wunderbarer Moment im persönlichen Zugewandtsein.

Sehr junge Kinder, die im Liegen gewickelt werden müssen, weil sie noch nicht stehen können, freuen sich an Reimen, Krabbelspielen und Liedern.

Immer ist der Kontakt in Form von Ansprache und handlungsbegleitenden Formulierungen ein wichtiger Bestandteil der Situation. Die erwachsene Person kommuniziert, welche Handlungen gleich erfolgen müssen, und bittet um Mithilfe: *„Ich möchte dir jetzt die Hose ausziehen. Du kannst jetzt deinen Popo anheben. Dann schaffen wir das zusammen."* So lernt das Kind, dass es selbstbestimmt mithelfen kann, dass Wickeln ein gemeinsamer Prozess ist und es nicht nur „behandelt" wird. Nebenbei lernt es, seine Körperteile zu verorten und zu benennen.

Tipp
Das Kind fragen, ob es einen Gegenstand halten und schließlich geben kann. Einige Kinder mögen es gar nicht, wenn sie gereinigt werden, versuchen es über sich ergehen zu lassen, andere empfinden sehr früh Scham dabei. Wenn das Kind in seinem Sichtfeld hantiert, kann es sich leichter ablenken und fühlt sich wichtig, weil es etwas mittun kann.

Füße begrüßen

Zunächst die Füße des Kindes zu begrüßen, bietet sich vor allem an, wenn Kinder nicht gern berührt werden oder einen Moment benötigen, um sich auf den kommenden Prozess einzustellen.

Eine Spielidee: Die Füße des Kindes in den Hosenbeinen verstecken, sie suchen und wieder sichtbar machen. Das Kind wird vermutlich selbst versuchen, die Füße einzuziehen und hervorzuholen, wenn es das Spiel mitspielen möchte. Dazu kann jedes Mal ein passender Spruch aufgesagt werden:

> Hallo Fuß, wo bist du denn? Hast du dich versteckt?
> Ha, jetzt hab' ich dich entdeckt!

Text: Mareike Völkel

Das Kind hat die Möglichkeit, die Körperteile „antworten" und reagieren zu lassen und eine direkte Kommunikation zu beginnen. Das schafft ein Gefühl der Selbstwirksamkeit und Kontrolle über die Situation.

Tipp
Besonders sinnvoll ist es, sich an eine Reihenfolge zu halten, weil der ganze Vorgang so vorhersehbar wird.

Schlafen und Ruhen

Ähnlich wie die Pflege- und Wickelsituation ist das Schlafen und Ruhen ein Tagesabschnitt, der Vertrauen in die Situation benötigt, eine gewisse Routine erfordert und durch Rituale wunderbar begleitet werden kann. Je ruhiger und gemütlicher, desto angenehmer gestaltet sich dieser Meilenstein im Tagesablauf für alle Beteiligten.

Es ist wichtig, sich bewusst zu machen, wie die gesamte Situation gestaltet oder auch umgestaltet werden kann, damit sie sich so wohlig wie möglich anfühlt. Die räumliche Umgebung spielt dabei ebenso eine wichtige Rolle wie die Stimmung der erwachsenen Personen.

Raumgestaltung: Eine indirekte Beleuchtung und leise Entspannungsmusik können viel bewirken.

Stimmung der erwachsenen Personen: Sie hat erheblichen Einfluss auf die Gefühlslage im Sinne der Co-Regulation von jungen Kindern. Wenn die erwachsene Person sich mit ernstem Blick auf einen Stuhl setzt und wie ein Leuchtturm durch den Raum starrt, um zu prüfen, ob alle Augen geschlossen sind, dabei immer wieder auf die Uhr schaut, fühlt sich das nach Druck an, der den Atem stocken lässt. Wenn die Fachkraft sich jedoch, nachdem sie den Raum hergerichtet und alle Kinder einmal an der Matratze besucht oder zugedeckt hat, nach einer kurzen Geschichte selbst auf den Boden legt und mehrmals tief ein- und ausatmet, bevor sie feststellt:

„Ach, wie ist das schön und fein, hier in meinem Bettelein."

fühlen auch die Kinder, dass es guttut, sich auszuruhen.

Tipp

Besonders in dieser Situation sind gleichförmige Abläufe und individuelle Rituale wichtig für die allermeisten Kinder. Sie brauchen eine Hand zum Einschlafen, den Teddy oder das intensive Einkuscheln. Andere Kinder drehen sich lieber auf die Seite und wollen keine besondere körperliche Zuwendung.

Wichtig ist es, eine gleichbleibende, einfache und liebevolle Umgebung zu schaffen, eher langsame Bewegungen auszuführen und leise zu sprechen.

Routinen und Rituale: Dazu zählen auch das Zuziehen der Gardinen und Anknipsen einer Salzkristallleuchte, wenn es entsprechend zelebriert wird, aber auch gerne das Vorlesen oder Hören von Entspannungsmusik.

Erfahrungsgemäß steckt Gähnen an, also gähnen Sie ruhig, zeigen Sie, dass Sie müde sind, wenn Sie es sind, atmen Sie tief, strecken Sie sich. Die Kinder nehmen Ihre Stimmung auf.

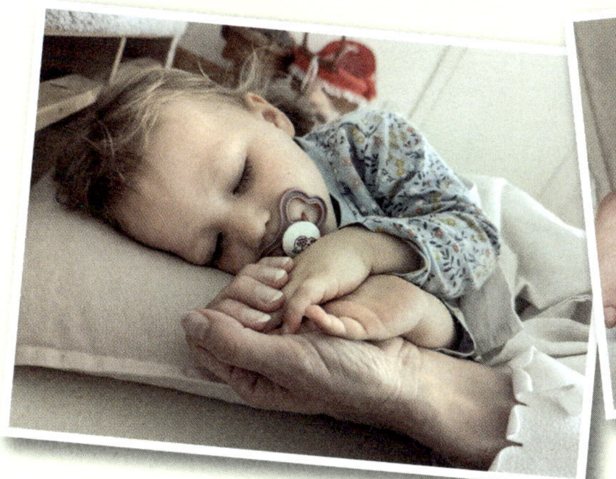

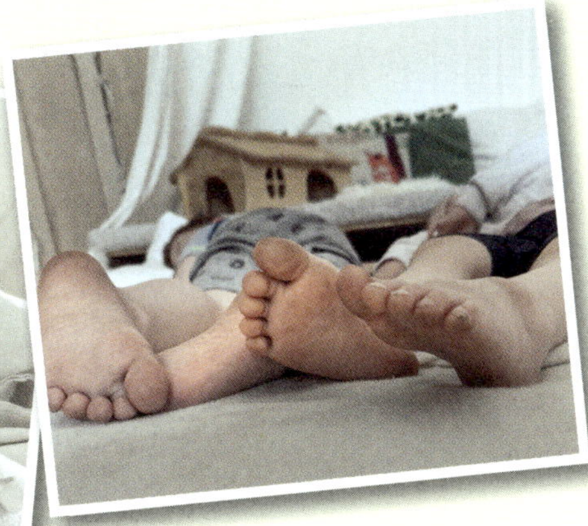

Zuspruch bei Kummer und Schmerz

In einer Situation, die zu einer Verletzung oder Schmerz führt, werden meistens Mechanismen aktiviert, die dazu führen, dass das verletzte Kind Bindung herstellen möchte, nach den Eltern ruft, weint, sich verunsichert fühlt und zuerst einmal wieder beruhigen muss, um den Alltag weiter bestreiten zu können.

Hinweis

Resilienz ist eine Fähigkeit, die uns gelassener auf Stress und Reize reagieren lässt. Unsere Psyche schafft es bei einer hohen Resilienz, Belastungen auszuhalten und sich von Schicksalsschlägen schnell wieder zu erholen. Es gibt die Annahme, dass ein Großteil der Resilienz nicht angeboren, sondern erworben ist. Das kann bedeuten, dass Kinder, die wiederholt erlebt haben, dass sie ungute Gefühle, beispielsweise Schmerzen, aussprechen durften, Bedürfnisse erfüllt bekommen haben, in einer anderen herausfordernden Situation darauf zurückgreifen können. In der weiteren Entwicklung sind sie in der Lage zu erkennen, wenn eine andere Person Hilfe benötigt.

Wenn das Kind mit Maßnahmen der Ersten Hilfe, aber auch eigenen Verletzungen konfrontiert wird, kann es resilienzfördernde Prozesse durchlaufen und beispielsweise folgende Fähigkeiten ansprechen: Selbstständigkeit, Entschlossenheit, Selbstwirksamkeit, angemessene Selbsteinschätzung, Entscheidungskraft, Mut, Beziehungskraft, Problemlösekompetenz, Bewältigungsstrategien nutzen, Empathie und Perspektivenwechsel, Verantwortungsübernahme, Akzeptanz der Situation, Optimismus, Regulation von Gefühlen.

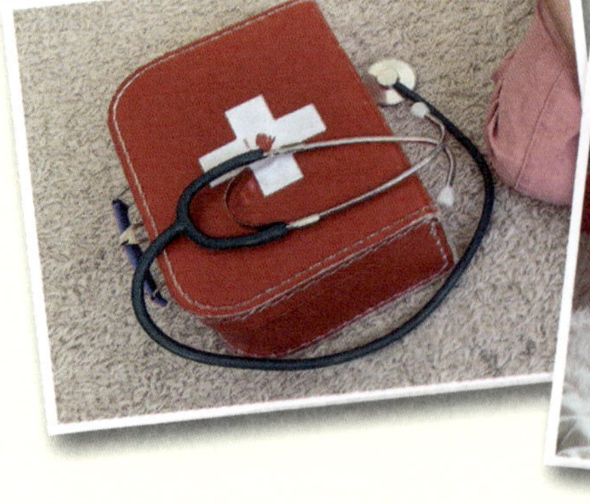

Ein Koffer voller Trost ...

Es lohnt sich, ein kleines „Erste-Hilfe"-Köfferchen anzuschaffen, in dem sich neben Pflastern und einem Kühlpack beispielsweise auch ein Tröstebuch (zum Beispiel „Die Eule mit der Beule") befindet und ein Tröstekuscheltier (eine Eule). Als Ritual bei Verletzungen kann dieser dazugeholt werden. Damit wird dem Kind, das sich wehgetan hat, gezeigt, dass es ernst genommen und verstanden wird, dass sich gekümmert wird. Es kann irgendwann auch mitteilen, dass es vielleicht doch nicht so schlimm ist und es lieber weiterspielen möchte, als versorgt zu werden.

Ein Kind, das diesen Koffer holt, lernt, dass es helfen kann und wichtig ist. Es kann beispielsweise das im Koffer liegende warme Kühlpack zum Kühlschrank bringen und für den aktuellen Kühlvorgang den gekühlten Kühlakku holen. Vielleicht hilft auch eine weitere pädagogische Fachkraft dabei. Wenn Kinder sehen, dass der Spielfreund verletzt ist oder weint, können sie ihn fragen, ob sie ihm helfen können, trösten, aber auch Hilfe holen, indem sie einem Erwachsenen Bescheid sagen.

Spruch zum Trösten

Oh, du hast dir wehgetan, komm nur schnell in meinen Arm,
lass mal sehen, was dir fehlt, und sage mir doch, was dich quält.

Text: Mareike Völkel

Streiten und Vertragen

Ein bekanntes Ritual, das viele erwachsene Menschen kennen, ist das Sich-Entschuldigen und „Hand geben" nach einem Streit. Vielfach ist zu beobachten, dass Eltern bemüht sind, ihren sehr jungen Kindern schon im Sandkasten bei einem Konflikt diese Höflichkeitsform beizubringen.

Allerdings ist beispielsweise ein eineinhalbjähriges Kind noch gar nicht in der Lage, eine Entschuldigung, wie sie von Erwachsenen gern gesehen wird, zum Ausdruck zu bringen: Es hat entwicklungsbedingt noch nicht die Fähigkeit zum Perspektivwechsel erworben, das empathische Sich-in-andere-Hineinversetzen ist ihm noch nicht möglich.

Was sich allerdings bei sehr jungen Kindern beobachten lässt, ist das Phänomen der Affektansteckung: Sie können sich von dem Gefühlausdruck des Gegenübers „anstecken" lassen, sind aber nicht in der Lage einzuschätzen, dass das Kind gegenüber weint, weil es beispielsweise gerade einen Baustein abbekommen hat. Die Fähigkeit zur Affektansteckung beinhaltet nicht den Perspektivenwechsel, wohl aber schafft sie die Voraussetzungen für soziales Lernen.

Kinder lernen am Vorbild von Erwachsenen Verhaltensweisen, aber auch Rituale kennen. Ganz wichtig in diesem Prozess: Das Erkennen und Wahrnehmen eigener Gefühle. Denn das ist die Voraussetzung dafür, dass Gefühle bei anderen Menschen bewusst wahrgenommen und interpretiert werden können.

Tipp

Darum ist es wichtig, dem Kind schon im ersten Lebensjahr zu spiegeln und in Worte zu fassen, was bei ihm wahrgenommen wird und auch, wie sich andere Menschen fühlen. Diese Art von Übersetzung hilft dem Kind beim Einsortieren und Kategorisieren von Gefühlsempfindungen und passenden Verhaltensweisen.

Es wäre doch schön, ein gemeingültiges Ritual zu haben, um dem anderen zeigen zu können, dass nach einem Streit alles wieder gut ist:

- Wie wäre es mit einem gemeinsamen Versöhnungstee?
- Oder einem Freundschaftsbild?
- Bei sehr jungen Kindern kann es auch eine gemeinsame Situation oder ein Spiel, das Lesen eines Buches sein, das dazu führt, dass beide nach den unguten Gefühlen die Emotion des gemeinsamen wohligen Beisammenseins erfahren, zusammen lachen und wieder in das Spiel finden. Kinder nutzen das Lachen oft aus eigener Intuition heraus nach einem Konflikt als Regulationsmethode.

Streitkoffer

Eine weitere Möglichkeit ist es, einen Streitkoffer einzurichten. Wenn beide Kinder wollen, können sie daraus eine gemeinsame Tätigkeit auswählen. Mögliche Utensilien wären: zwei Tassen und Teebeutel, ein Blatt Papier und Stifte – der Streit kann aufgemalt und anschließend weggeworfen (oder vergraben) werden; eine Karte, auf der zu sehen ist, dass zwei Kinder weggedreht voneinander in verschiedenen Ecken spielen, um zu vereinbaren, sich aus dem Weg zu gehen; ein Buch (vielleicht über einen Streit) etc.

Teilen macht Gemeinschaft

Kinder in einen Werte- und Verhaltenskodex einzuführen, ermöglicht ihnen, die erworbenen Fähigkeiten und Fertigkeiten in ihrem Leben zu nutzen, um damit Erfolg im Zusammenleben in Menschengruppen zu haben. Durch das Anbahnen und Vorleben von Werten, das auch mittels Ritualen erfolgen kann, kommen im Kind Prozesse in Gang, wenn wir einfühlsam und den kognitiven Möglichkeiten des Kindes folgend interagieren.

Nur wenn das Kind von den Ideen und Verhaltensmustern durchdrungen ist und sie positiv erlebt, werden sie selbstverständlich in das Handlungsrepertoire übernommen.

Ich, du und wir

Eine Idee ist das gezielte Teilen von Nahrungsmitteln in der Gruppe und das Erzählen von einfachen Geschichten, die Kindern ermöglichen, von außen auf eine Situation zu schauen. Das lässt sie ein Wertesystem entwickeln und Verhaltensmöglichkeiten ab-

schauen sowie Empathie entwickeln. Eigene Bedürfnisse erleben zu dürfen, erfüllt zu bekommen und zu verbalisieren, führt dazu, dass sie sich in der Folge in einen Perspektivenwechsel begeben können: *„Etwas zu besitzen ist gut, Hunger zu haben ist nicht gut. Dem einen Menschen geht es schlecht, einer anderen Person geht es gut. Wenn ich viel habe, freut sich mein Gegenüber, wenn ich etwas abgebe."*
Ich beginne schon im Spätsommer, wenn die ersten Kinder eingewöhnt wurden, gezielt zu vermitteln, wie man gut miteinander auskommen kann und wie Kinder ihre eigenen und die Bedürfnisse anderer erkennen können. Die Erntezeit bietet sich dazu hervorragend an. Zum gemeinsamen Betrachten und Teilen eines Apfels könnte beispielsweise das Lied: „In einem kleinen Apfel" gesungen werden.

In einem kleinen Apfel

In einem kleinen Apfel,
da sieht es lustig aus:
Es sind da drin fünf Stübchen,
grad wie in einem Haus.
In jedem Stübchen wohnen
zwei Kerne schwarz und fein,
die sind darin und träumen
vom lieben Sonnenschein.
Sie träumen auch noch weiter,
gar einen schönen Traum,
wie sie einst werden hängen,
am lieben Weihnachtsbaum.

Text: volkstümlich, Melodie: W. A. Mozart
Youtube-Video von Mareike Völkel: https://youtu.be/rWG4dHmV_HM

In verschiedenen Morgenkreisen wird immer wieder Obst geteilt, irgendwann kommt dann ein Tier, z. B. ein Stofftiermäuschen, dazu, das wahnsinnigen Hunger hat. Auch hier können die Kinder wieder das Teilen und Abgeben aufnehmen. Natürlich lässt sich auch ein gemeinsam gebackener Kuchen miteinander teilen.

Tipp
Vielleicht bietet es sich an, immer wieder auch mit Lebewesen zu teilen, indem beispielsweise Tiere oder Wildvögel gefüttert werden.